DISSERTATION

Sur cette Question :

EST-IL NÉCESSAIRE, SOUS PEINE DE FAUX ET DE NULLITÉ, QUE LE SECOND NOTAIRE OU LES TÉMOINS INSTRUMENTAIRES SOIENT PRÉSENTS A LA RÉCEPTION DES ACTES QU'ILS SOUSCRIVENT ?

Par M. Emmanuel Laennec,

Notaire à Nantes.

A Nantes,

A la Librairie de Mellinet-Malassis,

et

A la Librairie Industrielle,

Place du Commerce.

DISSERTATION

SUR CETTE QUESTION:

EST-IL NÉCESSAIRE, SOUS PEINE DE FAUX ET DE NULLITÉ, QUE LE SECOND NOTAIRE OU LES TÉMOINS INSTRUMENTAIRES SOIENT PRÉSENTS A LA RÉCEPTION DES ACTES QU'ILS SOUSCRIVENT?

PAR M. Emmanuel LAENNEC,

Notaire à Nantes.

A NANTES,

A LA LIBRAIRIE DE MELLINET-MALASSIS,

ET

A LA LIBRAIRIE INDUSTRIELLE,

PLACE DU COMMERCE.

A NANTES,

IMPRIMERIE ET LITHOGRAPHIE DE MELLINET-MALASSIS.

DISSERTATION

SUR CETTE QUESTION;

EST-IL NÉCESSAIRE, SOUS PEINE DE FAUX ET DE NULLITÉ, QUE LE SECOND NOTAIRE OU LES TÉMOINS INSTRUMENTAIRES SOIENT PRÉSENTS A LA RÉCEPTION DES ACTES QU'ILS SOUSCRIVENT?

§. 1.er

Lorsqu'un acte est reçu par deux Notaires, faut-il que le second Notaire soit présent à la passation ?

LES anciennes ordonnances sur l'organisation du Notariat, sur la forme des actes et sur les conditions de leur authenticité, prescrivaient le concours de deux Notaires pour attester un acte, ou si l'acte n'était rapporté que par un seul Notaire, elles voulaient que ce Notaire fût assisté de deux témoins (1).

On regardait unanimement que c'était satisfaire

---

(1) Ordonnances de mars 1498, Art. 66; — novembre 1507; — 11 décembre 1543, Art. 166 et 167; ordonnance de Blois, de 1579; édit du Roi, de juillet 1580, février 1549.

à la prescription des ordonnances que de faire contresigner par un second Notaire l'acte en réalité passé devant le seul Notaire en premier, et jamais la présence effective de ce second Notaire à la passation de l'acte ne fut jugée nécessaire. On exceptait toutefois les actes de dernière volonté, résignation de bénéfices et sommations respectueuses, pour lesquels la présence des deux Notaires fut toujours impérieusement exigée.

C'est dans ce sens que les ordonnances furent interprétées par tous les Notaires, et cette interprétation fut publiquement consacrée par les statuts des Notaires de Paris, arrêtés en 1679, homologués par arrêt du parlement de Paris, le 13 mai 1681, lesquels portent, article 14, « que les Notaires de cette ville seront obligés de signer *en second* tous les actes et contrats, conformes aux lois, lorsqu'ils en seront requis par leurs confrères, et bien qu'ils n'aient point été présents à leur passation. »

Les Notaires de Lyon furent appelés à jouir du même privilége par édit du mois d'octobre 1691, et les Notaires de toutes les villes et bourgs du royaume purent user de la même faculté, d'après déclaration du 4 septembre 1706.

On peut donc regarder comme certain que, dans les actes *ordinaires*, l'usage avoué et même autorisé par une jurisprudence fixe et invariable, était de ne pas exiger la présence du second Notaire, à la passation de l'acte.

(5)

Les monuments de la jurisprudence, les œuvres des jurisconsultes attestent la généralité (1), et l'ancienneté de cet usage; aucun acte public ne nous en a jusqu'à présent révélé le danger, aucune voix (2), sous l'ancien ordre de choses, ne s'est élevée pour le frapper de blâme. On peut donc invoquer comme loi commune cette coutume ancienne, publique, et pour ainsi dire, incorporée dans les mœurs de la nation. « *Nam diuturni mores , consensû utentium* » *comprobati, legem imitantur. Inst.* § 9, *de jur.* » *nat. et gent.* »

C'est dans cet état, qu'est intervenue (après la loi du 6 octobre 1791) (3) la loi du 25 ventôse an 11, dont l'article 9 dispose que « *les actes seront reçus par deux Notaires , ou par un Notaire assisté de deux témoins.* »

---

(1) V. Jousse, Traité de l'administration de la justice civile, part. 5, tit. 2, n.ᵒˢ 47 et 50. —
Nouveau Denizart verbo, *acte notarié*, § 7, n.ᵒ 13.

(2) Les paroles de l'illustre chancelier d'Aguesseau, citées par M. Toullier, ne s'appliquent point au cas où l'acte est au rapport de deux Notaires. On s'explique difficilement la confusion qu'a faite le savant jurisconsulte entre ce cas et celui où l'acte est passé devant un seul Notaire assisté de deux témoins.

(3) Loi de transition, qui avait réellement désorganisé l'institution du Notariat.

Cet article reproduisant les dispositions des anciennes ordonnances, les Notaires ne virent point, dans la nouvelle loi, une abrogation de l'usage existant sous la précédente législation ; ils ne purent supposer au législateur l'intention d'innover, puisqu'il se bornait à reproduire les anciens textes ; ils ne discontinuèrent donc point, dans leur pratique, de faire contresigner leurs actes, comme par le passé, interprétant la dernière loi par l'usage universellement reçu et approuvé.

Cette interprétation fut accueillie sans opposition, par la magistrature, le gouvernement et les auteurs les plus estimés ; les Notaires purent donc, en toute conscience, croire qu'ils ne commettaient ni un excès de pouvoir, ni une chose blamable, en ne regardant que comme de style obligé, la formule ordinaire de leurs actes.

Cependant, un auteur d'un grand poids, M. Toullier, n'a pas partagé cette opinion. Dans le tome 8 de son ouvrage sur le *Droit civil*, il s'est élevé contre la coutume universellement observée, et il vient de reproduire sa doctrine, avec de plus grands développements dans son 13.ᵉ volume.

Non-seulement l'illustre Jurisconsulte déclare que les actes passés, suivant l'usage ordinaire, sont complétement nuls ; mais exagérant les conséquences de sa doctrine, il va jusqu'à prétendre qu'il y a *faux criminel*, dans l'usage que les Notaires suivent de bonne foi depuis tant d'années.

Cette partie de l'opinion du savant auteur, est tellement extraordinaire, elle choque tellement les idées qu'on a pu se former du juste et de l'honnête, qu'elle se détruit par elle-même et qu'elle donne au surplus de la dissertation une couleur d'exagération qui en affaiblit l'autorité. Mais l'opinion de M. Toullier, telle qu'elle soit, ne saurait être indifférente, et d'ailleurs la question qu'il soulève est trop importante, trop vitale, pouvons-nous dire, pour les Notaires, pour qu'elle ne doive pas être examinée scrupuleusement.

Voyons donc de bonne foi quel est le sens que l'on doit attacher à l'article 9 de la loi du 25 ventôse an 11, et si c'est réellement une cause de nullité, que l'absence du second Notaire à la réception des actes ?

Si la loi était seule, si l'origine s'en perdait dans la nuit des temps, si les termes en étaient clairs, précis, non susceptibles de plusieurs sens, si elle avait un but d'utilité évident, nul doute qu'il ne fallût l'observer telle qu'elle serait; mais si cette loi avait des précédents, si le vœu de ceux qui l'ont rédigée était bien connu, si les termes ambigus, dont on s'appuie, pouvaient, en y donnant le sens que M. Toullier adopte, être abaissés jusqu'à l'absurde, nul doute aussi qu'il ne fallût l'interpréter dans un sens raisonnable.

C'est un principe constant, que l'on doit supposer dans les lois l'esprit de leur origine, et que les dispositions des lois (ou usages) antérieures sont censées se trouver dans les nouvelles lois et y être sous-entendues (1). Ce principe, consacré par la jurisprudence, est un axiôme du droit romain; *et posteriores leges ad priores pertinent; nisi contrariæ sint.* L. 28, ff. de Leg.

Le sens attribué depuis un temps immémorial à l'obligation imposée aux Notaires de concourir au nombre de deux à la réception d'un acte, était devenu, ainsi qu'on l'a dit, un usage général, sanctionné par une jurisprudence constante, et approuvée par les jurisconsultes et par tous les citoyens. Peut-on, dès-lors, supposer que le nouveau législateur se fût borné à reproduire les anciens textes de loi, sous l'autorité desquels l'usage s'était constitué, s'il eût voulu le changer? Pense-t-on que s'il avait regardé cette habitude, cette règle, aussi vieille que la législation elle-même, comme contraire à son vœu, il eût négligé de dire formellement que son intention était de l'abolir et d'y substituer une prescription contraire?

Le silence que le législateur a gardé, sur ce point, dans la nouvelle loi, nous conduit donc déjà à juger, par induction, qu'il n'a pas voulu innover aux antiques usages.

Mais la preuve positive de cette intention nous est aujourd'hui acquise, par des révélations trop

---

(1) *Droit Civil Français*, t. 1.er, p. 122, n.º 156.

tardivement rendues publiques, et qui sont enfin consignées dans un nouvel ouvrage de jurispru-dence, par un laborieux magistrat que personne n'osera désavouer.

On lit dans le premier volume du *Répertoire de Jurisprudence du Notariat* (1), page 155 ; « Le tribunat chargé de l'examen du projet de loi » (sur l'organisation du notariat), avait fait l'ob-» servation que voici : la loi veut, sans doute, » que toutes les fois qu'un acte est reçu par deux » Notaires, l'un et l'autre y concourent, et que » le second ne se permette pas de signer dans son » étude, un acte fait hors de sa présence, qu'il » n'a pas même entendu lire aux parties intéres-» sées. La section pense que l'intention de la loi » serait plus fortement et plus clairement exprimée » par l'addition du mot *conjointement*. En consé-» quence, l'article 9 commencerait ainsi : *Les actes* » *seront reçus par deux Notaires conjointement*, » etc. ; or, cet amendement, qui aurait opéré une » véritable abrogation de l'usage antérieur, ne se » retrouve pas dans la loi. Donc, l'on n'a point » voulu admettre le principe qu'elle consacrait ». Cette conclusion est d'une justesse frappante.

---

(1) Répertoire, etc., sous la direction de M. Rolland de Villargues, juge au tribunal civil de Paris, auteur des *Substitutions Prohibées*, Decourchant et Gallay. — 1827.

Qu'opposera-t-on à ce raisonnement ? Dira-t-on que la conséquence n'est pas suffisamment justifiée , et que le rejet d'un amendement n'est pas toujours et nécessairement la désapprobation de la doctrine qu'il proclame ; que, dans le cas présent , l'amendement du tribunat a pu être écarté comme surabondant , les termes de la loi ayant paru assez clairs (1) ».

On conviendra , du moins, que cette dernière supposition n'est guères vraisemblable , et que la précédente se soutient par de bien plus grandes probabilités. Mais il ne peut , actuellement , y avoir incertitude sur le motif qui a fait repousser de la loi l'amendement proposé par le tribunat. Nous connaissons la discussion qui s'est élevée , sur ce sujet , au sein de la commission chargée de rédiger le projet de loi, et on ne peut plus douter qu'il a été combattu et rejeté , précisément parce qu'il était abrogatif de l'usage anciennement suivi , usage que le législateur a voulu et a déclaré vouloir conserver. Voici ce qu'on lit dans l'ouvrage ci-dessus cité , page 4 , en note sur l'article 9 de la loi du 25 ventôse an 11 : « Cet amendement (*suprà*) ne » se retrouve point dans la loi ; M. le baron Locré , » ancien secrétaire-général du Conseil-d'Etat , nous

---

(1) Nous verrons plus loin que dans une autre circonstance, ces mêmes termes n'ont pas été jugés suffisants.

» a fait l'honneur de nous écrire, à cet égard, le
» 16 avril 1827. »

« L'amendement proposé par le Tribunat, sur
» l'article 9 de la loi du 25 ventôse an 11, n'a
» pas même été présenté au Conseil-d'Etat. Il est
» du nombre de ceux que la section du Tribunat
» n'a pas *hésité* à abandonner dans la conférence qui
» s'est engagée entre elle et la section du Conseil.
» On a reconnu de part et d'autre *que la présence*
» *actuelle des deux Notaires était chose imprati-*
» *cable pour cette multitude d'actes qui se font*
» *journellement, surtout à Paris, et deviendrait*
» *très-dispendieuse pour les parties.* Il aurait fallu,
» par exemple, que, pour la procuration la moins
» importante, un Notaire se déplaçât, et ce même
» déplacement se serait répété plusieurs fois dans
» la même journée. Par ces considérations, on a
» réservé la nécessité de la présence actuelle pour
» le seul cas des testaments, etc. » (1).

Le sens de la loi est-il désormais incertain ?
Faudra-t-il exécuter cette loi autrement que le législateur n'a désiré qu'elle fût observée ? les Notaires sont-ils coupables en se conformant au vœu
de celui qui a fait la règle ?

---

(1) Voyez l'ouvrage cité, page 155 et suivantes, et
Journal de Jurisprudence du Notariat, 1.er cahier,
article 1.

Non, il n'y a pas *abus*, mais observation sensée de la loi dans cet usage, constamment suivi par les Notaires, de faire signer leurs minutes par un confrère, bien que celui-ci n'ait pas assisté à l'acte. Il n'y a point incertitude à nos yeux, mais notre conviction va se fortifier par de nouvelles preuves, si nous comparons, avec l'article 9 de la loi de ventôse, le texte d'une autre loi lorsqu'elle exige, dans un cas donné, la présence des deux Notaires.

Un auteur avait depuis long-temps, de la comparaison des deux textes de loi dont il s'agit, présenté une opinion conforme à celle que nous manifestons. Voici comment s'exprime le judicieux Loret, dans le premier volume des *Élémens de la Science Notariale*, page 213 ; (1) « Notre opinion est qu'il n'a
» été fait aucune innovation à l'usage observé,
» consacré même, par l'ancienne législation, de
» ne pas exiger rigoureusement la présence effective
» de deux Notaires pour la passation d'un acte
» autre qu'un testament, qui est mentionné avoir
» été reçu dans cette forme ; nos motifs sont, 1.° que
» cette tolérance n'a donné, sous l'ancienne législa-
» lation, naissance à aucun abus qui ait pu en exiger
» la suppression ; 2.° que cet usage va à la décharge
» des parties dont il diminue les frais, puisque, si

---

(1) *Élémens de la Science Notariale*, par J.-B. Loret, éditeur des *Annales du Notariat*, in-4.° ; Paris, 1807.

» le Notaire en second était effectivement présent
» à l'acte, il faudrait lui payer sa vacation ; 3.° *que*
» *la rigueur que le Code civil met à faire constater*
» *la présence effective des deux Notaires à la récep-*
» *tion d'un testament, fait, par là même, entendre*
» *qu'il n'en est pas ainsi à l'égard des autres actes.*
» On doit donc croire que l'intention du législateur
» a été d'user sur ce point de la même indulgence
» que par le passé. »

L'exactitude de la conjecture de M. Loret, est confirmée aujourd'hui, par les précieux documents que M. Rolland de Villargues a le premier fait connaître, et que nous avons transcrits plus haut.

Mais avant l'impression de l'ouvrage de ce dernier, on pouvait déjà puiser dans un recueil public l'expression officielle de l'intention du législateur, et acquérir la certitude qu'il n'avait pas attribué au mot *recevoir* employé dans l'article 9 de la loi du 25 ventose an 11, le sens que M. Toullier lui prête.

La loi du 25 ventose an 11 (16 mars 1803) ne précède que de deux mois la promulgation de la loi sur les testaments, qui est du 3 mai de la même année ; ces deux lois ont été discutées presqu'en même temps, et décrétées par les mêmes législateurs.

Or, la première rédaction de l'article 68 (970) du projet de loi sur les testaments était ainsi conçue :
« Le testament par acte public est celui qui est reçu
» par deux Notaires, ou par un Notaire et deux
» témoins qui sachent et puissent signer. Il doit être

» écrit par le Notaire tel qu'il est dicté par le tes-
» tateur; il doit lui en être donné lecture en présence
» des témoins. »

Si le mot *recevoir* suffisait pour ordonner la présence actuelle des deux Notaires à la réception du
testament, il ne fallait rien ajouter à l'article, et la
rédaction précédente était bonne sur ce point.

Eh bien, le législateur n'a pas regardé l'expression
comme suffisante, et voici ce que nous trouvons sur
ce sujet dans le procès-verbal des mémorables dis-
cussions de notre Code civil (1) :

« L'article 68 est discuté.

» Le consul Cambacérès voudrait que des témoins
» fussent appelés, même quand le testament est reçu
» par deux Notaires, que le nombre des témoins fût
» augmenté, s'il n'y a qu'un Notaire; et que lors-
» que le testateur ne sait ou ne peut signer, on ap-
» pelât un témoin de plus.

» Le C. Tronchet dit, que les témoins méritent,
» en général, moins de confiance que deux Notaires.
» Pour exprimer que la présence de tous deux est
» nécessaire, on pourrait dire que le testament sera
» dicté aux deux Notaires, et écrit par l'un d'eux. » etc.

L'article 970 a été rédigé conformément à ces observations.

----

(1) Page 562 de l'édition in-4.º

Ainsi M. Tronchet, le plus profond jurisconsulte de l'époque, l'honneur du barreau et de la magistrature, l'un des plus laborieux fondateurs de nos lois, reconnaissait que par le mot *recevoir*, la loi n'aurait pas indiqué la nécessité de la présence des deux Notaires, *même dans le cas de testament et malgré l'usage préexistant*, et qu'il fallait pour exprimer cette nécessité, dire que le testament serait dicté aux deux Notaires, phrase ajoutée, en effet, dans la rédaction définitive de la loi.

Cette présence commune n'était donc pas exigée pour les actes ordinaires par la loi du 25 ventôse an 11, puisque celle-ci se servait de la même locution que le projet de l'article 970 du Code civil ; locution jugée insuffisante pour exprimer, dans cette dernière loi, l'intention du législateur.

On peut donc dire avec confiance qu'il est démontré que le législateur de ventôse n'a pas ordonné, sous peine de nullité, que les deux Notaires fussent présents à la passation de l'acte authentique, qu'il n'a pas voulu, en un mot, faire innovation à la législation précédente.

Le sens de l'article 9 ressort également du rapprochement de divers autres articles de la même loi de ventôse ; ainsi, l'article 12 n'exige l'expression que du nom du Notaire en premier ; il n'y a point obligation de désigner le second notaire, autrement que par la qualification de collègue, et tel est l'usage. Les articles 13, 16, 17 et 68 ne font peser la responsabilité de l'acte et de l'observation des formes prescrites que sur le Notaire rapporteur , et cette responsabilité n'a jamais été étendue au Notaire en second ; nouvelle preuve que la loi n'a pas imposé les mêmes devoirs et les mêmes obligations aux deux Notaires.

Enfin , cette interprétation a été consacrée par l'usage unanime des Notaires qui n'ont jamais hésité dans leur pratique , par l'avis de tous les auteurs , et enfin par la jurisprudence (1).

L'examen des arrêts rendus sur l'importante question qui nous occupe est la partie principale de la discussion mise en note au 13.e volume du *Droit Civil.* Dans toute cette note , et même dans l'exposé de la matière , le docte auteur ne met pas un instant en question le principe que nous examinons , et admettant de première vue qu'il y a nécessité que le Notaire en second assiste à l'acte , sous peine de nullité , il se borne à mettre en question, ce qui n'en est plus une dès lors, le point de savoir si l'article 9 de la loi du 25 ventôse an 11

––––––––––––––––––––––

(1) On peut consulter les auteurs ci-dessus cités ; le *Répertoire de Jurisprudence du Notariat*, par M. Seryès ; Garnier-Deschennes, *Traité Élémentaire du Notariat*, page 75; Carnot, *Commentaire Criminel*, sur l'article 145 du *Code Pénal ;* Massé , *Parfait Notaire*, page 66, Augan, *Cours de Notariat.*

est abrogé par le non usage ou désuétude. Il y a incohérence dans l'intitulé du chapitre; Car si on commence par dire qu'il est nécessaire que le second Notaire soit présent à l'acte , il n'y a plus de question ; il aurait été plus exact de mettre l'interrogatif, et de demander s'il est nécessaire , etc.

Nous ne nous arrêterions pas à relever cette vicieuse énonciation, s'il n'en résultait pas un effet bizarre pour la dissertation de M. Toulliér. Nous pourrions , en effet, adhérer aux raisonnéments du savant auteur , admirer sa science profonde et logique serrée ; être même convaincus de l'excellence de ses principes , et cependant repousser ses conclusions , sans inconséquence , parce que ces conclusions sont en dehors de la discussion et n'en découlent point ; elles n'ont point été discutées , point prouvées , puisqu'elles sont là posées comme axiômes.

Avant de rapporter les arrêts rendus sur la matière , nous rappellerons que c'est au dispositif de ces arrêts qu'il convient de s'attacher. c'est la partie essentielle des jugements, la seule qui compose ce qu'on appelle la jurisprudence ; quant aux motifs, on les regarde , pour l'ordinaire , comme l'ouvrage du rédacteur du jugement et non comme exprimant toujours l'opinion du tribunal entier ; cette opinion se manifeste par le dispositif seul.

Il s'est trouvé, jusqu'à présent, à la louange de

nos mœurs, peu de contractants d'assez mauvaise foi, pour invoquer les dispositions des articles 9 et 68 de la loi du 25 ventôse an 11, contre des actes par eux souscrits librement.

On n'en connaît qu'un seul exemple; il est l'objet de l'arrêt de la Cour Royale de Rennes, du 24 juin 1824.

Dans l'espèce de la cause, un homme avait vendu divers immeubles par acte notarié; ce vendeur demandait la nullité de cet acte, sous plusieurs rapports et notamment sur ce que l'un des Notaires, n'avait pas été présent à la rédaction.

Le fait était reconnu. Néanmoins, la Cour repoussa le moyen de nullité, par le motif que l'acte avait été passé suivant l'usage ordinaire, que cet usage adopté par tous et avec l'assentiment de tous, se présentait véritablement comme l'expression de la volonté générale des citoyens et de l'autorité, et prenait tout au moins le caractère d'erreur commune qui doit garantir la validité des actes faits sous son influence, d'après la maxime, *error communis facit jus.*

Cet arrêt est l'objet des vives attaques de M. Toullier. Non content de faire la critique de la doctrine qu'il exprime, l'auteur s'est oublié, jusqu'à accuser presque de prévarication les consciencieux magistrats qui l'ont rendu. Nous ne suivrons pas M. Toullier dans sa discussion, ses objections ne peuvent s'appliquer au principe incon-

(19)

testable, que nous avons posé, en disant qu'un usage public, ancien et constant, reconnu par l'arrêt, peut interpréter une disposition législative; et que lorsque l'interprétation est conforme au vœu manifeste et non douteux du législateur, l'usage qui s'y conforme n'est plus une contravention, mais l'observation sage et éclairée de la loi.

Sur le pourvoi formé contre l'arrêt de la Cour de Rennes, est intervenu, le 14 juillet 1825, l'arrêt de la Cour de Cassation suivant : « La Cour, sur » les conclusions de Me Liébeau, avocat-général, » attendu qu'en jugeant par l'arrêt attaqué, que » dans certains cas, et notamment dans l'espèce de » la cause, l'absence du Notaire en second, lors » de la confection d'un acte qui n'est pas un testa- » ment solennel, ne constitue pas nécessairement » un moyen de faux; la Cour Royale de Rennes » s'est conformée à une jurisprudence reçue dans » tous les tribunaux du royaume, long-temps avant » les lois nouvelles sur le Notariat; jurisprudence » qui, depuis la publication de ces lois, s'est cons- » tamment maintenue avec le même caractère de » généralité et de publicité; rejette (1). »

C'est en vain que M. Toullier essaie de torturer les phrases de cet arrêt, pour en atténuer la force,

---

(1) Voyez les deux arrêts, *Journal du Palais*, t. 1.er, de 1826, page 235, et dans tous les recueils d'arrêts.

les termes ici sont clairs et précis ; la Cour n'admet point que l'usage des Notaires soit en contravention avec la loi ; loin de là, elle déclare implicitement le contraire, puisqu'elle décide que l'absence du second Notaire, lors de la confection d'un acte ordinaire, n'est pas un moyen de faux, ni un moyen de nullité (1) qui serait la conséquence du faux. Cet arrêt est un véritable arrêt de doctrine, interprétatif de l'article 9 de la loi du 25 ventôse an 11. On doit donc tenir pour constant, que dans l'opinion de la Cour suprême du royaume, la présence du Notaire en second n'est essentielle que pour les actes de dernière volonté et autres analogues.

Aux deux arrêts qu'on vient de citer, M. Toullier oppose un arrêt de la Cour de Toulouse, pour lequel il n'a pas assez d'éloges ; il le présente comme exemple à suivre par tous les tribunaux ; voyons si cet arrêt est en effet aussi décisif que le suppose M. Toullier. Voici l'espèce.

Le 11 juillet 1823, le sieur Augé fait son testament devant M.ᵉ Capelle, Notaire à Toulouse, et lègue à une dame Martin, une maison et autres objets.

Le 19 août suivant, le testateur, par acte devant deux Notaires, révoque tous les testaments qu'il a pu faire. Après son décès, procès entre la légataire et les héritiers. Devant la Cour ces der-

----

(1) L'arrêt de la Cour de Rennes est relatif à une demande en nullité.

niers reconnaissent que le Notaire en second n'a point été présent à la rédaction de l'acte révocatoire du 19 août; et le 28 novembre 1825, arrêt de la Cour de Toulouse, qui annulle ce dernier acte par les considérations suivantes :

« La Cour : attendu, etc., en ce qui touche la
» nullité de l'acte de révocation, que l'article 9
» de la loi du 25 ventôses an 11, combiné avec
» l'article 68, veut à peine de nullité, que les actes
» soient reçus par deux Notaires, ou par un Notaire
» assisté de deux témoins : que le mot *recevoir sup-*
» *pose nécessairement la présence de deux Notaires à*
» *la rédaction d'un contrat* (1); que cette disposition
» est trop claire et trop précise pour qu'elle puisse
» être l'objet du plus léger doute ou d'incertitude
» fondée; que c'est d'ailleurs dans le *même esprit*
» *que toute la loi a été rédigée*, ainsi que cela résulte
» notamment des articles 8, 10 et 11 (2); attendu
» que l'usage de passer des actes en l'absence du
» Notaire en second, s'il existe, est en opposition for-
» melle avec la disposition de la loi; que dès-lors ce
» n'est qu'un abus qui doit être réprimé, ainsi que
» l'enseigne la Cour de Cassation, dans son arrêt ren-

---

(1) M. Toullier avoue lui-même que la présence du second Notaire n'est pas nécessaire à la rédaction.

(2) Nous avons vu au contraire que c'est dans un esprit tout contraire que la loi a été faite.

» du, au sujet de l'huissier Gehory, le 21 juillet 1810.

» Attendu d'ailleurs, que l'usage invoqué n'a aucun
» des caractères voulus par les principes du droit
» pour abroger la loi ; qu'il devrait constituer un long
» usage, remonter tout au moins à l'époque fixée
» pour la prescription de long-cours, ce qui ne peut
» avoir lieu à l'égard d'une loi qui n'a que vingt-deux
» ans d'existence ; d'un autre côté, cet usage n'aurait
» pour base que l'inexécution donnée à la loi par les
» Notaires (1) ; or, déclarer qu'une loi est abrogée par
» cela qu'elle aurait été enfreinte par ceux qui au-
» raient dû l'exécuter fidèlement, ce serait boule-
» verser tous les principes, rendre inutiles les me-
» sures législatives et renverser les bases de l'ordre
» social ; *que cet usage, en lui supposant même*
» *une existence légale, pouvait d'autant moins être*
» *invoqué dans la cause actuelle, qu'il est constant*
» *que pour les actes de cette nature, les Notaires de*
» *Toulouse les reçoivent toujours assistés de deux*
» *témoins et n'appellent pas de second Notaire ; at-*
» *tendu que l'exécution de la loi doit être encore plus*
» *rigoureuse, lorsqu'il s'agit d'actes de dernière vo-*
» *lonté ; que de tous les temps, on a redoublé de*
» *précautions, pour que la volonté de l'homme ne*
» *fût point altérée : comme nous l'enseignent*

---

(1) Et les contractants l'arrêt ne les compte donc
pour rien !

» *Pothier et les autres auteurs, l'absence du*
» *Notaire en second n'a jamais été tolérée dans*
» *les actes de dernière volonté ; vainement vient-on*
» *prétendre qu'un acte de révocation ne doit pas être*
» *rangé dans cette dernière classe : comme un testa-*
» *ment, il est sujet à la volonté ambulatoire de*
» *l'homme, n'est enregistré qu'après son décès, et*
» *n'a d'effet qu'après le décès ; replaçant l'hérédité*
» *sur la tête des héritiers naturels, il constitue à*
» *leur égard une véritable institution : cette vérité,*
» *développée par MM. Grenier et Toullier a été*
» *sanctionnée par un arrêt de la Cour de cassation*
» *du 17 mai 1824;* attendu que l'article 1035 du
» Code civil en n'assujettissant les actes de révoca-
» tions qu'aux formalités des simples actes, renou-
» velle les dispositions de la loi de ventôse, en se
» servant de ces expressions, *par actes devant No-*
» *taires,* ce qui fait dire à M. Merlin et à M. de
» Malleville qu'il suffit d'un acte devant deux No-
» taires, ou un Notaire et deux témoins pour révo-
» quer un testament, etc. »

Quelle peut donc être l'influence de cet arrêt sur
la question ? Nous ne saurions la croire telle que le
suppose M. Toullier ; en effet, au milieu des motifs
qui proclament une doctrine déjà réfutée, il existe
plusieurs considérations qui sont évidemment la véritable base de la décision de la cour.

Il ne faut pas perdre de vue qu'il s'agissait d'un
acte de révocation de testament, acte équivalent à

testament, puisqu'il a pour objet de déplacer une hérédité ; cet acte demandait des formes aussi rigoureuses, quoique moins compliquées, que le testament même ; il est, ainsi que le dit l'arrêt, sujet comme le testament, à la volonté ambulatoire de l'homme (ce qui n'est pas pour les autres actes) ; il n'est enregistré qu'après le décès, exécuté qu'après le décès (1) ; enfin, on ne peut invoquer l'usage en faveur d'un pareil acte, ou plutôt l'usage, dans tous les temps, a été d'exiger la présence des deux Notaires à la réception de toute disposition à cause de mort.

Certes, ces raisons suffisent pour motiver la décision de la Cour de Toulouse, et on ne peut qu'applaudir à ces principes et à la manière lucide dont ils sont exposés. Mais elles prouvent, en même temps, que les autres considérations sur lesquelles seules M. Toullier appuie, ont eu peu d'influence sur le dispositif de l'arrêt.

Une chose qui doit nous étonner et qui pour-

---

(1) M. le baron Locré, dans la lettre que nous avons citée, donne ce motif à la nécessité de la présence des Notaires aux testaments. « Par ces considérations (qui » précèdent), on a réservé la nécessité de la présence » actuelle, pour le seul cas des testaments, parce qu'a- » lors, et au moment de l'ouverture, le testateur n'est » plus là pour reconnaître si l'on n'a point changé » quelques-unes de ses dispositions, ce qui n'est point » sans exemple, et ce qui nécessitait une garantie de » plus. » V. Répertoire, t. 1, page IV.

rait donner lieu, de notre part, à des réflexions désobligeantes, si nous pouvions un instant concevoir l'idée d'user, à l'égard du respectable M. Toullier, d'une seule des expressions peu mesurées dont il a fait un si étrange abus contre toute une classe d'hommes revêtus d'un caractère public, c'est que notre adversaire, ordinairement si exact, a omis complétement dans la citation de l'arrêt de la Cour royale de Toulouse, le passage transcrit en lettres italiques ; ces considérations, qui évidemment ont été la raison décisive de l'arrêt, il ne les a comptées pour rien ; il n'a pas pris la peine d'examiner leur degré d'influence sur l'esprit des magistrats ; il a fait plus, il les a dissimulées : serait-ce à dessein ? Se serait-il si peu fié dans la bonté de sa doctrine et dans la puissance de son argumentation, qu'il eût craint d'affaiblir la seule autorité dont il pouvait s'appuyer ? Ce serait bien le triomphe de l'opinion qu'il combat, que de voir qu'il n'a pu se créer d'auxiliaires dans la lutte, qu'à l'aide d'une autorité mutilée.

La chambre des requêtes a rejeté le pourvoi contre l'arrêt de la Cour de Toulouse, le 24 avril dernier.

Par ce dernier arrêt, la Cour a décidé qu'il fallait que les deux Notaires fussent présents à la *confection* d'un acte de révocation de testament. Il ne suffit pas que l'acte soit approuvé, en présence des Notaires, par le déclarant, il faut même qu'il soit rédigé devant eux ; c'est ce qui résulte des termes de l'arrêt ; en effet, il y a, pour cet acte, mêmes raisons d'exiger la solennité de la rédaction que pour le testament qu'il remplace, et auquel il ressemble sous tant de rapports.

Mais la Cour de cassation a-t-elle dévié de son opinion exprimée dans l'arrêt de 1825 ? Nous ne pouvons le croire. Dans celui-ci, elle a dit que, dans certains cas, autres que pour les actes de dernière volonté, la présence actuelle du second Notaire n'était pas essentielle à la validité de l'acte (1) ; dans celui-là, elle déclare, pour un cas particulier, où il s'agit précisément d'un acte de dernière volonté, que cette présence est nécessaire ; il n'y a point là de contradiction, c'est plutôt une confirmation de la précédente doctrine. On doit supposer à la Cour suprême d'autant moins l'intention de changer d'avis, qu'elle n'eût pas manqué, en ce cas, de s'exprimer clairement et catégoriquement à ce sujet.

L'arrêt de la Cour de Toulouse, et le dernier de la Cour de cassation, n'interrompent donc point cette jurisprudence, ancienne et générale, que la même Cour de cassation a reconnue. Ces derniers arrêts sont équitablement rendus dans un cas par-

---

(1) En effet, l'arrêt confirme celui de la Cour de Rennes, qui avait rejeté le moyen *de nullité*, proposé contre l'acte de vente.

ticulier ; nous pouvons les approuver sans en admettre cependant aveuglément tous les motifs, et les regarder comme les vrais interprètes de la loi dans la circonstance pour laquelle ils ont été rendus, sans croire, pour cela, qu'ils aient abrogé l'usage pour les actes ordinaires ; de même que nous ne saurions découvrir cette abrogation dans des arrêts qui annuleraient des actes respectueux, qui seraient faits par un seul Notaire, sans le concours actuel d'un confrère.

Pour les testaments, les révocations et les actes respectueux, l'usage des Notaires est de n'opérer qu'en concours réel ; l'arrêt de la Cour de Toulouse puise, dans cet usage, un de ses considérants, les auteurs sont d'accord sur ce point, les arrêts cités en dernier lieu ne font donc que suivre une doctrine généralement admise.

Enfin, la Cour de Bordeaux, n'a pas cru devoir adopter l'opinion, aujourd'hui préconisée par M. Toullier, et en faire l'application à un acte, attaqué devant elle, pour cause de l'absence du second Notaire à la passation. Par arrêt du 17 juin 1826, elle a repoussé le moyen de nullité, et déclaré qu'annuler un contrat, par cela seul que le second Notaire n'y eut pas été présent, « ce serait s'écarter
» de la jurisprudence proclamée par la Cour de
» cassation, porter le trouble dans presque toutes
» les familles, en suggérant à des contractants de
» mauvaise foi le désir, et en leur fournissant les
» moyens de faire anéantir des conventions libre-
» ment et justement souscrites ».

Disons-le avec confiance, l'interprétation doctrinale de la loi du 25 ventôse an 11, et la jurisprudence, se réunissent pour légitimer l'usage des Notaires contre lequel le seul M. Toullier s'est élevé (1).

En vain ce jurisconsulte allègue-t-il, que le droit d'attacher l'authenticité aux actes, que le Notaire tient directement du pouvoir exécutif, ne lui a été conféré que sous la condition que ses actes seraient rapportés avec le concours d'un autre Notaire, nous répondons, qu'il est très-vrai qu'un Notaire ne peut instrumenter en son nom seul, mais nous contestons que l'assistance du Notaire en second doive être actuelle lors de la passation de l'acte. Il suffit que le collége contresigne l'acte rapporté par le Notaire en premier, et ce contre-seing n'est point une formalité inutile, car c'est un témoignage public de confiance, un certificat de moralité, plus imposant que la présence même. Par sa signature, le second Notaire atteste qu'il est aussi convaincu que tout le contenu à l'acte est sincère et légi-

____

(1) Dans le cahier de 1828 du *Manuel des Contraventions* que nous venons de recevoir, M. Roy embrasse la même opinion que M. Toullier. L'auteur, partant comme celui-ci, du principe que l'article 9 de la loi du 25 ventôse an 11, impose la nécessité de la présence du second Notaire, principe faux que nous avons combattu, sa doctrine s'écroule avec la base sur laquelle il l'appuie.

time , que si cet acte avait été rédigé en sa présence ; cette signature lui rendant propre l'acte rapporté par son confrère , on peut dire , sans subti-
lité , qu'il le *reçoit* , c'est-à-dire , *l'accepte* , traduc-
tion littérale du mot recevoir.

L'explication du texte de la loi confirme donc
l'interprétation de son esprit , et quand même le
sens que nous donnons au terme de la loi , paraî-
trait un peu forcé , on devrait encore le maintenir ,
car , *Benigniùs leges interpretendæ sunt , quò vo-
luntas earum conservetur.* L. 28 , ff. de lég.

D'ailleurs , c'est plutôt à l'intention de la loi ,
qu'à la stricte signification des termes employés ,
qu'il convient de s'attacher : « *Voluntatem potiùs
» quàm verba spectari apportet.* L. 219 , ff. de
» *Verb. Sig.* » « *Scire leges non est verba earum
» tenere , sed vim ac potestatem* ».

Les conclusions que nous venons d'exposer de-
vraient donc être adoptées , puisqu'elles sont l'expression de la volonté du législateur.

§ 2.^e

*Faut-il, sous peine de nullité , que les témoins
soient présents ?*

Dans ce qui précède , il n'a été question que du
cas où un acte est reçu par deux Notaires , et nous
croyons avoir montré que l'intention de la loi n'avait
pas été d'exiger la présence actuelle du second No-

taire à la réception de l'acte, et que la jurisprudence n'était pas, sur ce sujet, plus rigoureuse que
les créateurs de la disposition légale.

Nous n'avons point parlé de la seconde partie de
l'article 9 de la loi du 25 ventôse an 11, c'est-à-
dire, du cas où l'acte, au lieu d'être reçu par deux
Notaires, est passé devant un seul Notaire avec
l'assistance de deux témoins; nous nous sommes
bien gardés de confondre deux questions qui, à
nos yeux, diffèrent essentiellement et qui doivent,
suivant nous, recevoir des solutions contraires.

Si le législateur a pu se contenter du contre-
seing du second Notaire dans les actes ordinaires,
s'il a regardé cette signature, par laquelle le second
Notaire accepte la convention attestée par son confrère comme étant suffisante pour achever l'authenticité de l'acte, c'est qu'il a reconnu que ce certificat de la moralité de l'honneur et de la probité
du premier Notaire, que lui accordait un officier
public investi de la confiance de la loi, offrait une
suffisante garantie pour la société. Le législateur a
pensé et l'expérience a justifié sa prévision, que
ce contre-seing ne pourrait être obtenu que par
une conduite irréprochable et une réputation sans
tache; et que le Notaire mal famé ne trouverait
pas un confrère assez complaisant pour se rendre
coopérateur virtuel de ses actes. Mais le législateur
n'a pas poussé l'indulgence jusqu'à permettre aux
notaires de recevoir des actes, sans l'assistance des

témoins qu'ils diraient avoir employés ; la signature de témoins, si facile à obtenir, ne pouvait avoir à ses yeux la force morale et l'effet de la signature d'un second Notaire.

Aussi la loi s'exprime-t-elle différemment lorsqu'elle parle du cas où l'acte sera passé devant un seul Notaire, et lorsqu'elle prévoit le cas le plus ordinaire de la réception par deux Notaires. « Les actes seront » reçus par deux Notaires, ou par un Notaire assisté » de deux témoins. »

Il faut que les témoins *assistent* à l'acte, sous peine de nullité. (Art. 68.)

Ici point d'usage ancien, constant, public, point de jurisprudence et point d'autorités pour donner à la loi une interprétation de laquelle il résulterait que la présence des témoins n'est pas exigée. Les termes de l'article sont clairs et précis, la raison de la stricte application du texte de la loi est facile à saisir : ou le Notaire ne peut obtenir le concours d'un confrère, parce qu'il n'en est pas digne, ou les localités s'opposent à ce qu'il puisse user de cette voie. Dans le premier cas, l'officier qui a démérité de tous ses confrères, ne doit pas jouir aussi pleinement de la confiance de la loi ; dans le second cas, il faut qu'il soit soumis à l'assistance de témoins, puisque les localités mêmes le soustraient à la surveillance de ses confrères et à l'indispensable besoin de leur estime. D'ailleurs, dans ce dernier cas, par la nature de sa résidence, le Notaire ne peut avoir une clientelle assez nombreuse, pour qu'il lui soit difficile de réunir ses témoins (1).

Telle était, au surplus, la règle sous l'ancienne jurisprudence. Les rédacteurs du nouveau Denizart n'hésitent pas à dire que « les réglements veulent que les témoins soient réellement présents. » (V.° Notaire, n.° 78.) (2).

Beaucoup d'auteurs professent la même doctrine, sous la nouvelle législation ; ainsi, M. Massé, qui pense que l'ancien usage du contre-seing du second Notaire n'a pas été abrogé par la loi nouvelle, affirme que « les lois et la jurisprudence ont été constamment d'accord pour exiger que les témoins fussent présents à la passation des actes qu'ils signaient (3). » A l'appui de son assertion, il cite deux arrêts, l'un

____

(1) M. Roy (*L. C.*), trouve qu'il n'est pas raisonnable de dire que les Notaires des grandes villes peuvent se dispenser de l'assistance réelle des témoins, lorsque cette assistance est rigoureusement exigée pour des actes passés dans de simples hameaux. Nous ignorons quel est le jurisconsulte que cet auteur veut accuser d'avoir proposé une si déraisonnable distinction ; c'est, du moins, la première fois que nous entendons établir des catégories parmi les Notaires, sous le rapport des formalités des actes.

(2) Et cependant M. Toullier affirme que ces savants jurisconsultes attestent le contraire ! *V, t.* 13, *page* 545.

(3) Nouveau Parfait Notaire, t. 1.er, page 66.

de 1703 et l'autre de 1730, ce dernier se trouve dans Denizart.

Loret, dans ses éléments, indique deux autres arrêts du 27 juillet 1708 et 25 avril 1709, qui ont jugé la question dans le même sens ; il déclare également « que la même tolérance qui s'observe pour le second » Notaire, à beaucoup d'égards, n'a pas lieu pour les » témoins instrumentaires, sous la loi nouvelle (1). »

Enfin, M. Augan n'applique la dispense de présence qu'au second Notaire seulement (2).

L'usage antérieur à la loi du 25 ventôse, était donc de faire assister réellement les témoins à la passation de l'acte ; les auteurs de cette dernière loi, en imposant de nouveau, dans ce cas, la nécessité de l'assistance, n'ont fait que confirmer les lois antérieures. Nous pouvons d'ailleurs remarquer que la discussion que nous avons citée ci-dessus, page 11, ne concerne que la première hypothèse.

De plus, la cour de cassation, dans un arrêt du 15 juillet 1819, a décidé qu'un acte est nul comme acte public, si le Notaire, lorsqu'il l'a reçu, n'a pas été assisté de deux témoins (3).

Nous pensons donc qu'il y a nécessité que les

---

(1) T. 1.er, page 216.

(2) Cours de notariat, page 35.

(3) Plusieurs circulaires adressées aux chambres des Notaires, par des procureurs-généraux, rappellent et confirment cette doctrine.

témoins soient présents aux actes qu'ils signent, et nous croyons que les Notaires se conforment, en général, à la rigoureuse prescription de la loi.

Mais nous ajouterons encore ici, avec le défenseur des héritiers Augé (arrêt de Toulouse) « La différence » dans les termes de ces deux propositions (les actes » seront reçus par deux Notaires, ou par un Notaire » assisté de deux témoins) est une preuve évidente que » le législateur n'a pas entendu (1) que les formalités » fussent les mêmes dans l'un et l'autre cas. En effet, » puisque la nécessité de l'assistance n'est exprimée » que pour la seconde hypothèse, celle où les témoins » sont appelés, on doit présumer avec raison que cette » nécessité n'est point exigée dans l'autre, d'après la » règle *inclusio unius est exclusio alterius* (2). »

Nous répéterons que l'article 12 de la loi du 25 ventôse, n'exige la mention des noms, qualités et demeures que pour le Notaire en premier et pour les témoins ; qu'il n'est nullement question du Notaire

---

(1) L'intention du législateur est maintenant bien connue.

(2) La loi du 6 octobre 1791, art. 4, s'exprimait ainsi : « Les actes pourront être reçus par un Notaire et deux témoins ». Le changement de rédaction adopté dans l'art. 9 de la loi du 25 ventôse an 11, démontre encore que le législateur, qui voulait imposer la nécessité de la présence des témoins, ne croyait pas que cette intention fût suffisamment exprimée par le mot *reçu* employé seul.

en second ; omission qui prouve que la loi n'a pas attaché le même intérêt aux deux Notaires, mais qu'elle suppose la présence des témoins ; car le vœu partout manifesté par la loi, est que l'acte constate, non-seulement les conventions des parties, mais encore les noms, qualités et résidence de tous ceux qui se trouvent réunis, dans un même moment, pour la confection d'un contrat.

C'est donc bien mal à propos, que M. Toullier s'est étayé de l'autorité du chancelier d'Aguesseau, contre l'usage des Notaires, lorsqu'ils concourent, au nombre de deux, à la réception d'un contrat ; s'il avait attentivement lu le passage qu'il transcrit, il n'aurait pas appliqué à cette hypothèse des réflexions qui ne concernent que la nécessité de la présence des témoins. V. le passage cité, page 544 du t. 13, du droit civil.

M. Toullier a donc complétement erré en confondant les deux modes de réception dans une discussion dont l'aigreur est tout-à-fait déplacée, mais dont la conclusion n'est, au reste, exacte que pour l'un d'eux (1).

______

(1) Dans le répertoire de jurisprudence du notariat, on n'a pas, non plus, distingué les deux cas. C'est une erreur, d'autant plus étonnante, dans cet ouvrage si recommandable, qu'à la page 129, les rédacteurs rapportent diverses opinions de M. Merlin, desquelles il résulte évidemment que l'absence des témoins serait un moyen de nullité.

Cet auteur a d'autant plus grand tort d'imputer à crime aux Notaires, l'exécution qu'ils font de la loi, suivant le sens que nous venons de développer, que lui-même confesse que l'article 9 de la loi du 25 ventôse an 11, a besoin d'interprétation pour être sainement entendu, écoutons-le (1) : « c'est » uniquement dans la conclusion de l'acte que » consiste sa force, parce que c'est uniquement alors » qu'il y a convention par le concours des vo- » lontés *et tota vis in conclusione consistit, trac-* » *tatus enim vel præfationes non sunt contractus*, » dit fort bien Dumoulin, qui fait l'application de » ce principe à tous les contrats. Il n'est même pas » nécessaire que l'acte, autre qu'un acte de der- » nière volonté, ait été écrit en présence du se- » cond Notaire ou des témoins instrumentaires, » et quoiqu'il ait été écrit en leur absence, il suffit » qu'ils soient présents dans le même temps et » dans le même lieu, pour en entendre la lecture » en présence des parties, qui leur déclarent que » l'acte contient leur volonté, et qu'elles le signent » en leur présence, ou déclarent ne savoir signer, » après quoi ils le signent eux-mêmes, ainsi que » le Notaire en premier, pour lui donner la force » d'un acte authentique ».

Ainsi ce mot *recevoir*, si clair par lui-même

____

(1) T. 13, Droit civil, page 569.

(comme le dit l'arrêt de Toulouse ci-dessus cité), doit, suivant M. Toullier, être ainsi traduit : « Les actes seront *conclus* par deux Notaires ; c'est-à-dire que les actes seront écrits par un des Notaires, ou par son clerc, en l'absence ou en présence du second Notaire et des parties, lecture en sera donnée en présence des deux Notaires et en présence des parties, qui déclareront qu'ils contiennent leur volonté. »

Mais qui répondra aux Notaires de l'exactitude de cette définition ? Qui leur garantira que d'autres jurisconsultes n'attribueront pas bientôt un autre sens aux termes de la loi ? Ne pourrait-on pas, en effet, soutenir que le second Notaire doit, non-seulement assister à la clôture de l'acte , mais encore à l'entière rédaction ; et prodiguer , sur ce principe , aux Notaires qui entendraient la loi comme l'explique M. Toullier , les mêmes qualifications dont il décore ceux qui l'entendent autrement ? Ne pourrait-on même pas établir , avec plus de raison, que si, comme le dit M. Toullier , la loi a demandé la présence du second Notaire , afin que le Notaire en premier ne pût être porté par séduction ou intérêt à abuser de son pouvoir , et qu'il fût autant fortifié qu'éclairé par la surveillance de son confrère (1) ; il y a nécessité que ce second Notaire assiste , et aux conférences qui précèdent l'acte et à l'acte lui-même ? Car ce n'est

______

(1) Droit civil, t. 8, page 129, et t. 13, page 575.

qu'alors que les intentions des parties se mani-
festent, ce n'est que lors de la discussion qu'on
peut éclairer les contractants, ce n'est que lorsqu'il
a été présent aux préliminaires de l'acte, que le
second Notaire peut juger si cet acte exprime réellement les intentions des parties, et si celles-ci
agissent librement. La simple déclaration que ces
parties feraient devant le second Notaire, que l'acte
contient leur volonté, serait bien insignifiante pour
le plus grand nombre de contractants, qui ne sont
pas familiarisés avec les termes et les formes des
contrats.

Si donc c'est comme garantie que la loi appelle
un second Notaire, on pourrait soutenir, avec assez
de raison, qu'il faut que ce notaire assiste à la
réduction ; et nous avons vu que la Cour de Toulouse l'a déjà ainsi décidé.

On pourrait même, toujours en confondant avec
M. Toullier deux cas bien différents, citer à l'appui de cette opinion, un arrêt de réglement pour
les Notaires de Mantes, en date du 4 septembre
1703, qui « fait défense aux Notaires de passer
» aucuns actes et contrats que les témoins y dé-
» nommés ne soient présents lors de la *passation en-
» tière* desdits actes et contrats (1) ».

____

(1) Cet arrêt a échappé à M. Toullier. Il n'eut
pas manqué d'en faire un appui de sa thèse, lui qui
confond continuellement le second Notaire et les témoins.

M. Toullier est le premier à convenir que l'exécution de la loi ainsi entendue , serait impossible ; cependant cette dernière interprétation est bien plus conforme au texte précis de l'article 9 , que celle qui est présentée par M. Toullier.

La loi est donc obscure , puisque ses termes sont équivoques et peuvent conduire à l'impossible ; il a donc fallu l'interpréter : et les Notaires ont eu , comme M. Toullier, le droit d'interprétation. Mais si l'interprétation de ceux ci-joint, à la force d'un long usage constant et public, l'approbation de l'autorité et la sanction des tribunaux , elle est , certes , préférable à l'opinion de M. Toullier, quelque imposante qu'elle soit d'ailleurs.

M. Toullier termine sa dissertation par déclarer que , non content de combattre au grand jour , il a cru devoir appeler l'autorité à vider le débat qu'il a soulevé. Il présenta , dit-il , sous le précédent ministère , une dénonciation contre l'usage *abusif* des Notaires, et il espère que le nouveau garde-des-sceaux prendra ses observations en considération, et n'attendra pas une nouvelle sommation pour extirper *l'abus intolérable.*

Soit que la question se discute à la tribune législative , soit qu'on l'examine dans le secret du cabinet de la chancelerie , la cause des Notaires ne restera pas sans défense. Le Notariat trouvera

dans ses membres si éclairés du collége de Paris ,
et dans les jurisconsultes dont s'honorent le barreau et les chambres , d'éloquents protecteurs qui
sauront faire prévaloir l'autorité de la raison sur
les vains sophismes de la chicane.

Nous n'avons eu pour but, dans l'examen que nous
avons entrepris de bonne foi, que de nous retracer
les raisons qui nous portaient particulièrement à
adopter le système suivi par tous nos collègues les
plus dignes d'estime ; et nous sommes loin, sans
doute, d'avoir réuni tous les arguments qui peuvent servir à la démonstration du principe que
nous avons accueilli ; mais pour rendre notre travail moins incomplet, nous allons , après avoir
examiné la question sous le point de vue légal ,
terminer en la considérant sous le rapport de *l'utilité*,
but définitif de toutes les lois.

Voyons donc si le système créé par l'habile professeur de Rennes , l'emporte sur l'usage contraire
par des avantages tels qu'il faille l'adopter de préfé-
rence à ce dernier.

La commodité des Notaires est leur seul motif pour
persister dans leur usage, s'écrie M. Toullier!.. L'usage
n'est pas seulement commode, il est de nécessité.
En effet, pour peu qu'on veuille mettre de bonne foi
dans l'examen de la question, on conviendra qu'il
est souvent impossible d'appeler un second Notaire
à tous les actes qu'un Notaire reçoit.

Les Notaires que M. Toullier compare aux juges

ne jouissent pas des priviléges de la magistrature ; ils n'ont pas quelques heures déterminées par semaine pour tenir leurs audiences, leur ministère est de tous les instants, ils peuvent être requis à toute heure du jour, ils sont obligés par devoir (art. 3) de recevoir tous les actes qu'on les somme de retenir, et de les retenir à l'instant ; car un retard de quelques heures peut souvent faire manquer une affaire et porter le plus grand préjudice aux parties (1). Comment feraient-ils donc pour satisfaire au vœu de la loi, tel que le fait M. Toullier ; faudrait-il qu'ils fermassent leurs études à certain jour pour s'assister réciproquement. Cette conduite tournerait-elle à l'avantage du public, et serait-elle bien conforme au but de l'institution ?

Et, d'ailleurs, que l'on pèse les inconvénients, qui résulteraient de l'assistance forcée d'un second Notaire, par la susceptibilité ordinaire des parties, leur répugnance à admettre un étranger qui ne leur est attaché par aucun lien dans le secret

----

(1) Et d'ailleurs quelle différence entre les jugements et les actes notariés ? Les premiers, produits de la jurisdiction contentieuse, déclarent une application de la loi et l'opinion du juge, à des faits en litige, prononcent sur des intérêts opposés, et ne requièrent en aucune sorte l'adhésion des parties ; les seconds, au contraire, ne sont que le dépôt des conventions purement volontaires.

de leurs affaires ; la rivalité que le rapport réci-
proque avec les mêmes clients, ferait nécessairement
naître entre les Notaires et l'esprit d'intrigue, déjà
malheureusement trop répandu , que ces circons-
tances encourageraient (1).

Le surcroît de frais , que le concours simultané
entraînerait pour les parties, doit aussi entrer en
considération. M. Toullier convient qu'il faudrait
payer la vacation du second Notaire qui assisterait
à l'acte. Mais ces nouveaux frais, entièrement frus-
tratoires pour les contractants , tripleraient le coût
des actes dans le plus grand nombre de cas ; par
exemple , pour les procurations , l'acte le plus
fréquent.

Il faudrait , pour que l'usage de la présence actuelle de deux Notaires à la passation des actes ,
fût praticable , que l'organisation du notariat fût
complétement changée ; il faudrait , comme l'observe
M. Rolland de Villargues , à qui nous empruntons

----

(1) M. Roy (*L. C.*) conteste l'avantage de la signature
de confiance du second Notaire, sous le rapport du secret
des conventions , attendu que l'acte doit être enregistré et porté sur le répertoire , et qu'il est ridi-
cule, avance-t-il , de prétendre , d'après ces circons-
tances , au secret des conventions ; Ce Directeur
des Domaines n'a pas grande foi à ce qu'il paraît dans
la discrétion qui , cependant , devrait être le premier
devoir des employés de l'enregistrement.

les réflexions qui précèdent , que les Notaires s'associassent deux à deux ; et , alors , quel surcroît de garantie offrirait l'assistance du co-intéressé ?

On doit reconnaître que , si l'obligation de la présence du second Notaire était impérieusement commandée , il ne se rapporterait pas un seul acte dans cette forme. La commodité des Notaires (puisque commodité il y a) , leur prudente réserve , leur intérêt, l'économie des frais et la défiance des parties , tout se réunirait pour porter les Notaires à user de témoins.

Voyons alors ce qui résulterait d'un pareil état de choses.

« Les témoins fourmillent , dit avec assurance » M. Toullier , t. 13 , page 570 , le Notaire peut » les appeler ou prier les parties de les appeler » pour l'assister ; il est peu de voisins qui se re- » fusent à rendre ce service ».

Ce passage prouve , après beaucoup d'autres du même auteur , combien il est aisé de tracer des préceptes et de donner des conseils en faisant abstraction de la pratique. Si M. Toullier avait fait , seulement pendant un mois , l'expérience de sa doctrine , il verrait combien elle est de difficile exécution.

Quoi ! il sera si facile au Notaire de se procurer des témoins capables , et une jurisprudence de vingt-cinq ans , et l'ouvrage même de M. Toullier , n'ont pu encore déterminer d'une manière fixe et invariable les qualités auxquelles on peut reconnaître la capacité des témoins ! les parties amèneront leurs témoins , et le notaire responsable de la validité de son acte, s'en reposera sur le choix souvent aveugle de la partie !....

Enfin , les Notaires doivent se confier dans l'obligeance des voisins ! nous sommes quelquefois obligés d'y avoir recours ; mais ne serait-ce pas pousser trop loin l'emploi de cette obligeance, que de distraire continuellement ses voisins de leurs occupations ? Croit-on que tous les voisins voulussent consentir à abandonner leur travail, quelquefois essentiel à leur famille , pour venir assister gratuitement à des actes qui concerneraient des étrangers (1) ?

Il n'est donc pas possible que les Notaires se fient sur l'obligeance de leurs voisins ou amis, il leur faudra des témoins dont ils puissent disposer , suivant leurs besoins; or, ils ne parviendront à ce but, qu'en attachant spécialement à leur cabinet deux ou plusieurs individus, dans lesquels ils auront soin de faire constater les qualités du *citoyen* , et qui n'auront pas d'autre habitation le jour , que l'étude du Notaire , pas d'autre industrie et d'au-

---

(1) Une assistance à un inventaire peut durer plusieurs semaines.

tres revenus , que les fonctions de témoins et les salaires que le Notaire leur allouera pour leur service quotidien.

Cette nouvelle institution sera-t-elle une grande garantie pour la société? L'homme sera-t-il moins exposé à être faible , partial ou injuste en présence de pareils surveillants ? Le Notaire sera-t-il bien fortifié et éclairé par de tels assesseurs?

Et cependant le système de M. Toullier conduit nécessairement les Notaires à s'entourer de témoins à leur disposition : ils les prendront pauvres, pour qu'ils soient moins exigeants; presque illettrés, pour qu'ils ne puissent être indiscrets ; voilà l'idéal du notariat ! Telle est la perfection dont l'institution serait redevable à l'opinion de l'illustre pro   cur.

Que l'on compare les deux modes de réc   des actes , et l'on ne pourra s'empêcher de   naître l'avantage, même de garantie, que pro   ce aujourd'hui la signature de confiance donnée par un second Notaire. Ce certificat de moralité , par lequel ce second Notaire s'approprie un acte reçu par son confrère seul, par la seule foi qu'il attache à la signature de celui-ci , offre plus de gages de sécurité, que le seing de prolétaires stipendiés , entièrement sous la dépendance de l'officier public , tirant de leur métier de témoins leurs moyens d'existence , incapables d'apprécier le sens et la force des actes auxquels ils assisteraient et dont le seul talent ,

« *Est de jurer pour lui, quand il en a besoin.*

Non-seulement le système de M. Toullier ne présente aucun avantage réel, mais il est, de plus, dange-
reux. Sans parler de l'épouvantable désordre qui résulterait pour le passé, de l'adoption de la nouvelle doctrine, combien les résultats n'en pourraient-ils pas
être désastreux pour l'avenir! Il n'y aurait plus aucune
sûreté dans les conventions, du moment qu'elles pour-
raient être attaquées par le nouveau moyen de nullité
que M. Toullier offre, assurément contre ses intentions, à tous les contractants de mauvaise foi, surtout
si on admettait, d'après la doctrine de M. Toullier
lui-même et celle de quelques arrêts, les témoins à
déposer contre l'acte signé d'eux (1). M. Toullier,
qui prétend que l'usage suivi en ce moment, met
la fortune des personnes simples à la discrétion de
l'homme riche ou puissant qui voudrait acheter ou
séduire un Notaire, mettrait cette même fortune à la
merci de celui qui voudra acheter ou séduire un
témoin. Il n'y a pas compensation.

Conservons donc cet ancien usage, qui n'a trouvé
que de rares adversaires. Quoi qu'en dise M. Toullier,
le passé doit nous rassurer pour l'avenir; aucun jurisconsulte ne s'en est plaint jusqu'à ce jour.

Certes, il peut y avoir eu dans l'ordre des No-

----

(1) Droit civil, t. 9, page 477 et suivantes, n.ºs 309 à 314.
Arrêt de la Cour de cassation du 12 juillet 1825,
affaire v.^e Després.
Arrêt de la Cour de Rennes du 9 janvier 1828.

taires quelques membres gangrenés. Des avocats, des avoués, des médecins, des prêtres même, ont été repris de justice ; ces rares scandales ne prouvent rien : et, au surplus, le remède indiqué par M. Toullier serait impuissant pour guérir la plaie.

C'est au gouvernement, à qui est confié le soin de protéger la société et la surveillance de tout ce qui l'intéresse, à n'admettre aux importantes fonctions de Notaire, que les candidats qui réuniront les qualités, qui seront toujours les plus solides garanties: instruction, honneur, moralité (1).

---

(1) M. Toullier, pour prouver le danger de l'usage qu'il combat, cite un seul fait, et encore ne le rapporte-t-il que par ouï-dire ; il s'agit, dans cet exemple, d'un faux par supposition de personne ; cet exemple n'est guère concluant, car il est bien facile en pareil cas de prouver l'alibi ? L'auteur s'écrie, à cette occasion et à plusieurs reprises : croit-on que ce Notaire scélérat eût osé commettre un faux pareil, s'il eût été assisté de témoins, ou d'un second Notaire ? La question est en vérité puérile : car quoi de plus aisé à ce faussaire que de tromper, ou le second Notaire, ou les témoins, en faisant représenter l'individu absent par un tiers complaisant. Vous auriez beau exiger la présence de quatre Notaires aux actes, que vous n'éviteriez pas le faux par supposition de personne, s'il existait un Notaire assez scélérat pour le commettre. Toutes les précautions échoueront contre les ruses et l'astuce des fripons. Il n'y a que la garantie

Nous avons examiné la question sous le double rapport de la légalité et de l'utilité, et nous croyons avoir suffisamment établi qu'il n'y a pas nécessité, d'après la loi existante, que le second Notaire assiste à la réception de l'acte, lorsque l'acte se passe sans concours de témoins, et qu'il n'y a ni urgence ni avantage à changer l'usage établi.

Dans la discussion à laquelle nous nous sommes livrés, nous avons soigneusement évité d'employer, à l'égard de l'illustre jurisconsulte que nous nous proposions de réfuter, des expressions désobligeantes ; le respect et l'admiration que nous inspirent et son âge, et son talent, et son immense réputation, nous faisaient, à cet égard, une loi que nous croyons ne pas avoir enfreinte.

Et cependant, si nous avions mis dans la défense un peu de l'aigreur de l'attaque, qui aurait pu nous en faire reproche ? Peut-on pousser plus loin l'acrimonie ? Peut-on faire un plus étrange abus d'expressions que ne l'a fait M. Toullier ?

Quoi, parce que les Notaires comprendraient et appliqueraient mal la loi, parce qu'ils seraient ignorants, ils seraient criminels ? Parce qu'ils suivraient une méthode irrégulière, ils mériteraient, par cela seul, la qualification de *faussaires ?*

____

morale des Notaires qui puisse mettre la société à l'abri des dangers de l'abus du pouvoir que la loi a confié à ces officiers.

Mais le faux suppose une intention frauduleuse, criminelle : et peut-on dire qu'il y a crime où il y a bonne foi? Or, qui peut nier la bonne foi des Notaires lorsqu'on les voit agir au grand jour, avec l'approbation du législateur lui-même, des magistrats et des auteurs les plus recommandables?

Si le docte professeur pensait que les Notaires se trompassent dans l'interprétation de la loi de ventôse an 11, son droit et son devoir étaient de les éclairer du flambeau de sa science incontestée ; mais en le faisant, il eût dû s'épargner la faute de chercher à flétrir ; par des expressions outrageantes, une classe nombreuse d'officiers publics, parmi lesquels il reconnaît lui-même qu'il en est d'estimables ; il eût dû sentir que c'était affaiblir sa doctrine que de la produire sous une forme aussi odieuse.

Est-ce dans un ouvrage comme celui de M. Toullier qu'on devrait trouver des lignes telles que les suivantes :

« Les gens sensés sont scandalisés, indignés même,
» de voir un Notaire religieux en apparence, surtout
» un catholique romain, qui fait profession de croire
» sa conscience chargée d'un simple mensonge, s'ap-
» procher, sans scrupules et sans remords, du Dieu
» de vérité qui lit au fond des cœurs, en sortant
» de commettre un faux caractérisé, pour en aller
» commettre un autre, qui peut avoir les suites les
» plus fâcheuses pour l'honnête client dont il a trahi

» la confiance et compromis les intérêts et la for-
» tune (1). »

Des ministres de la religion, des magistrats, des avocats, des citoyens recommandables par leurs lumières et par leur délicatesse, se présentent journellement dans les études des Notaires, et y souscrivent des actes reçus dans la forme habituelle, sans que jamais la plus légère observation ait été faite sur la prétendue contravention à la loi ; sans que jamais aucun contractant ait exigé qu'un second Notaire intervînt pour assister le rédacteur de l'acte. Quelles sont donc ces personnes dont veut parler M. Toullier, qu'il estime plus sensées, plus éclairées et plus scrupuleuses que tous les prêtres, tous les magistrats, tout le barreau et tous les citoyens ? M. Toullier eut dû nous faire connaître les noms de ces pères de la nouvelle morale qu'il veut décréter pour que nous pussions juger du degré d'autorité de leur témoignage.

Nous ignorons les causes secrètes qui ont attiré aux Notaires l'animadversion du vénérable professeur. Quoi qu'il en soit, le collége des Notaires devra se consoler du malheur de ne pas jouir de l'approbation de M. Toullier, par la considération dont le public honore ses membres et par l'estime et la confiance, dont la magistrature leur donne souvent des témoignages flatteurs

____

(1) Droit civil, t. 13, page 668.

Nous ne pensons pas, au reste, que les Notaires doivent s'effrayer de l'ordonnance par laquelle M. Toullier termine la note de son 13.e volume. Nous avons trop de confiance dans l'administration qui nous régit, pour craindre qu'elle aille demander des exemples d'interprétation à un gouvernement voisin, qui vient nouvellement d'en faire un si déplorable abus ; et le moment actuel est surtout on ne peut plus mal choisi, pour présenter à un ministère constitutionnel, le modèle que M. Toullier a très-malheureusement adopté.

Nantes, 15 janvier 1829.

IMPRIMERIE, LITHOGRAPHIE ET LIBRAIRIE DE MELLINET-MALASSIS.

Contraste insuffisant
NF Z 43-120-14

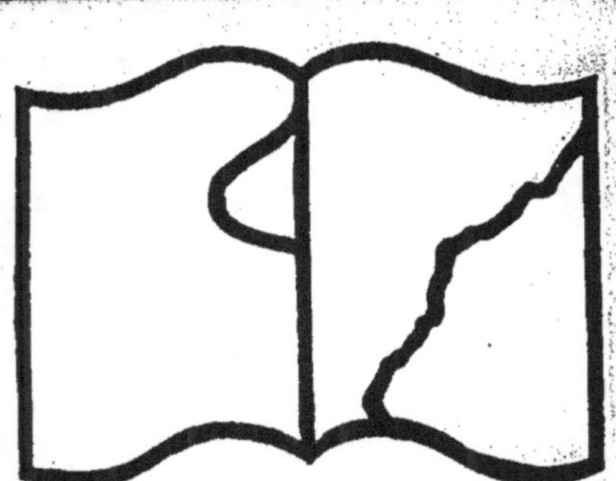

Texte détérioré — reliure défectueuse
NF Z 43-120-11